西南学院の創立者

C.K.ドージャーの生涯
The Life of Charles Kelsey Dozier ［改訂版］

西南学院

一粒の麦
地に落ちて死なずば、
唯一つにて在らん。
もし死なば、
多くの果を結ぶべし。

（ヨハネ福音書　第12章24節）

［本扉写真］学院に残る最も古い1921（大正10）年の建物で、2006（平成18）年にリニューアルされ、現在は大学博物館として使用されている

ドージャー一家。左から長男エドウィン・バーク、チャールズ・ケルシィ、長女ヘレン・アデリア、妻モード・バーク（1913〔大正2〕年）

▶南部バプテスト神学校の同期生と、戸山ケ原にて（1913〔大正2〕年頃）。左から、高橋楯雄（西南学院神学科教授）、C.K.ドージャー、J.H.ロウ（西南学院初代理事長・西南女学院創立者）、G.W.ボールデン（西南学院第3代院長）

▶創立当時の在校生および教職員。中央、ドージャー、その右、初代院長・條猪之彦（1916〔大正5〕年）

◀院長に就任したドージャー（前列中央）と当時の教職員。後列左端 J. H. ロウ、同右端、水町義夫（1917〔大正6〕年4月）

◀西南学院本館（赤レンガ講堂）定礎式（1920〔大正9〕年9月9日）

C.K.ドージャー院長住宅竣工（1921〔大正10〕年8月）

北九州市小倉の宣教師館のC.K.ドージャーの書斎（1930〔昭和5〕年頃）

学院院長宅でのくつろぎのひと時。左から、妻モード、長男エドウィン、
C.ケルシィ、長女ヘレン、モードの母アデリア・バーク（1922〔大正11〕年）

居間で読書するC.K.ドージャー。妻モードの
最も印象に残った写真（1925〔大正14〕年）

西南學院校歌

「華を洗ふ紺碧の波
松にみどり
青春の色 希望の輝き
豐饒の裾に此れ
西南 西南 若き西南
紅紫の空

二 理想に燃ゆる子等仰ぐ
高く清し光明と生命と
學院の堂ぞ此に
鬼神も避る
西南 西南愛の學園

三 遙けきかな我が行く道
さはに友よ
使命重く起てよ勇まし
西南 西南 永遠の學院

1934（昭和9）年頃学院作成の絵ハガキ。右はドージャー、左は第4代院長・水町義夫。学院校歌は、ドージャーの依頼によって水町義夫が作詞した。背景写真は百道海岸。

◀百道海岸でバプテスマを授けるドージャー。後方は能古島（1928〔昭和3〕年頃）

▶1928（昭和3）年5月に創立12周年を記念して行われた運動会で佐々木中学部長と応援するドージャー

夫婦仲よく。C.K.ドージャー夫人のサインが美しい（1930〔昭和5〕年）

北九州市小倉でのドージャー一家。ドージャーが亡くなる半年前（1932〔昭和7〕年12月）の写真。右端は長男エドウィンの妻メアリー・エレン・ドージャー

◀ドージャーの墓の前で。左から長女ヘレン、妻モード、長男エドウィン（1936〔昭和11〕年）

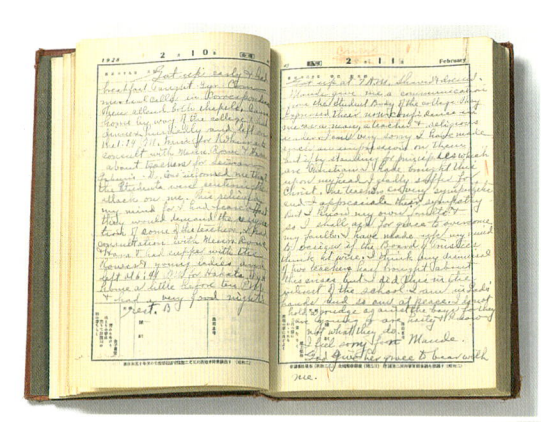

◀ 行間に愛と苦悩がにじむ1928（昭和3）年のドージャーの日記

▶ ドージャーが愛用した和文と英文の聖書

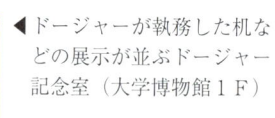

◀ ドージャーが執務した机などの展示が並ぶドージャー記念室（大学博物館1F）

当時のドージャー家のクリスマス・キャンドルの飾り付けを再現

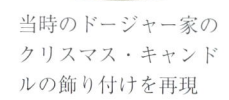

◀ 照明も建築当時の写真を参考に復元し、昔ながらの雰囲気をかもし出す講堂（大学博物館2F）

現在、「西南の森」に並ぶドージャー親子の墓碑。右側がC.ケルシィと妻モード、左側が長男エドウィンとその妻メアリーの墓碑。C.ケルシィの墓碑には「BE TRUE TO CHRIST　イエス言い給う『我は復活なり生命なり　我を信ずる者は死ぬとも生きん』」と刻まれている

▶毎年5月末のドージャー記念日には、今でも西南学院からの有志が墓参している。「西南の森」は、1974（昭和49）年7月、西南女学院短期大学の中島茂学長が女学院構内（北九州市小倉北区井堀）にあるC.K.ドージャー夫妻、J.H.ロウなどの共同墓地の整備を提唱し、同年9月に完了した。この墓地にはドージャー夫妻のほかJ.H.ロウ、E.B.ドージャー夫妻など西南関係者数名が埋葬されている

◀西南学院宣教師記念碑。学院に奉職した宣教師の功績をたたえ、2008（平成20）年に大学博物館の西側に建てられた。ドージャー一家のC.ケルシィをはじめ、妻モード、長男エドウィン、エドウィンの妻メアリーを含め、79人の名前が刻まれている

発刊に寄せて

西南学院院長
100周年事業企画運営委員会委員長
G. W. バークレー

　1979年に『C. K. ドージャーの生涯』が発刊されて以来、35年が経過しました。その間、学院の創立者であるC. K. ドージャー先生の創立への想いを心に留めるために、西南学院に所属する多くの教職員がこの本を手にしてきたことでしょう。また、この本の中に、ドージャー先生の面影を見ることができたことでしょう。この度、創立100周年記念事業の一つとして改訂版を発行することができ、大変嬉しく思います。

　2016年に創立100周年を迎える本学院の歩みは、「西南よ、キリストに忠実なれ」という創立者の遺訓の下にありました。創立当初と現在では、様々な変化があります。学院を取り巻く環境や、時代の変化により変わらざるを得ないものも多いでしょう。しかし、キリストに忠実であるという精神（心）は、創立当初と変わりなく学院に脈々と受け継がれています。

　学院の発展の原点は、ドージャー先生の西南学院への深い愛であることは言うまでもありません。そのドージャー先生の深い愛に支えられた学院は、キリスト教の愛、正義を学んだ多くの同窓生を輩出しました。彼らが世界各地で愛と正義をもって活躍していることを、ドージャー先生も大変喜んでおられることと思います。

　しかし、創立の時、また学院を去る時のドージャー先生のご苦労、ご心労は計り知れないものがあったでしょう。その中には、私たち教職員

が忘れてはならない出来事もたくさんあり、そのような多くの出来事から、私たちが学ぶべきものも多くあるでしょう。

　西南学院に連なる私たち教職員がこの本を手にとり、ドージャー先生の遺徳を偲びつつも、創立100周年を迎えるにあたり、建学の精神が示すものは何か、学院の目的と使命は何かを改めて考え、十分に理解する必要があります。そして、次の100年に向けた歩みを始めるにあたり、私たちは、創立者C.K.ドージャー先生の想いを胸に、西南学院の使命達成のために、互いに努力し、歩み続けなければなりません。それが、学院を創立してくださったC.K.ドージャー先生への恩返しになるのではないでしょうか。

▶かつて干隈キャンパスにあった修養会館「山の家」(1952〜82年)の暖炉。木枠に創立者の遺訓が刻まれている

西南学院の創立者
C.K.ドージャーの生涯

目　次

発刊に寄せて
　　西南学院院長
　　100周年事業企画運営委員会委員長　G.W.バークレー　10

＊　＊　＊

1　家系と少年時代⋯⋯16

2　マーサー大学時代⋯⋯19

3　南部バプテスト神学校時代、
　　モード・バークとの出会い⋯⋯21

4　日本への宣教の船出⋯⋯23

5　福岡バプテスト神学校・
　　福岡バプテスト夜学校時代⋯⋯26

6　福岡を中心とした九州の教育界⋯⋯30

7　西南学院の創設 …… 32

8　高等学部開設時代 …… 36

9　西南学院教会の設立とドージャー …… 39

10　「日曜日問題」とドージャー院長の辞任 …… 42

11　北九州における伝道と西南に対する遺言 …… 45

12　葬儀と記念事業 …… 48
　　　父を語る　E.B.ドージャー　51

13　モード・バーク・ドージャーと西南保姆学院 …… 52

＊　＊　＊

C.K.ドージャー関係略年表　56
資　料　61
編集後記　63

「西南学院発祥の地」の記念碑。福岡市中央区赤坂1丁目の読売新聞西部本社の敷地内に、2004（平成16）年3月に建てられた

［扉写真］ドージャーの日記

西南学院の創立者
C.K.ドージャーの生涯

1
家系と少年時代

　ドージャーの家系は、曾祖父母の時、フランスから宗教的迫害を逃れて移住して来たユグノー（Huguenots、フランスのプロテスタントの総称）であった。彼らが最初に移住したのは、アメリカ・サウスカロライナ州のチャールストンに近い開拓農場であったと言われる。その後ジョージア州の小都市ラ・グレインジュに移った。チャールズ・ケルシィ・ドージャー（Charles Kelsey Dozier）は、その地で、1879（明治12）年1月1日、父 J. H. ドージャー（Joel Henry Dozier）と母 E. ノラ（Ella Nora）の3番目の男子として生まれた。長兄はエドウィン（Edwin）、次兄はバルトン（Balton）と呼んだが、この3番目の男の子には、彼らの伯父 Charles と Kelsey の二人の名を合わせてつけられた。

　1881（明治14）年、一家は同州のゲインズヴィルへ移り、そこで金物店を営んだ。父は長老派教会に属していたが、母はゲインズヴィルの第一バプテスト教会に出席していた。

　ケルシィは小学校には入学せず、12歳まで母の手によって基礎教育と聖書教育とを授けられた。

　「私の幼年時代の学習は母の膝の上でなされた。

父、J. H. ドージャー　　母、E. N. ドージャー

C.ケルシィが生まれたジョージア州
ラ・グレインジュのドージャー家
（1906年当時）

ゲインズヴィルのドージャー家

母は私に神さまのこと、救い主キリストのことを教えてくれた」

（日記より）

　もちろんこの間、家庭での生活と相並んで、教会の生活が、この少年の宗教的・道徳的教育を助けた。教会の牧師マッコーネル（F. C. McConnell）博士は、彼の信仰と教育に多大の感化を与えた。ケルシィは1892（明治25）年の4月、信仰告白をしバプテスマを受けて教会の一員となった。

　彼は、この年から公立学校に入学し、正規の学校生活を送ることになり、1897（明治30）年、18歳の時まで在学した。彼は誠実で明るい性格で、

▶ドージャー家の3人の兄弟たち。左から、C.ケルシィ、W.エドウィン、E.バルトン

1　家系と少年時代 —— 17

大きくがっちりした体格をしていた。そして、労働をして家計を助けながら、次第に神が自分を福音宣教の任に導いておられることを確信するようになった。

しかしその頃、ドージャー一家は、不幸な経済的危機に襲われた。それは父の経営していた金物店が、協同経営者の不正によって倒産したばかりでなく、精神的打撃のため、父が健康を害してしまったからである。

長兄エドウィンは高等学校を首席で卒業したところだったが、進学を断念、乾物店で働き、家計を助けることになった。ケルシィは伝道者として立ちたいとの希望を持っていたものの、兄や叔母たちの援助を辞退し、ジョージア州北東部の田舎に開校されていた短期学校の教師になった。そこで彼は教え子たちから非常に慕われ、敬愛された。そのなかには、生まれた男の子にケルシィ・ドージャーの名をつけた者もあったというほどである。

アメリカ合衆国略図

2

マーサー大学時代

　1899（明治32）年8月20日、ケルシィは説教者の資格を与えられ、礼拝講壇に立って最初の説教をした。20歳であった。

　この年の秋、ケルシィは伝道者となる第一段階として、同州メーコン市にあるバプテスト派のマーサー大学（Mercer University）に入学した。

　マーサー大学は、1833（天保4）年、マーサー（Jesse Mercer）牧師によって伝道者養成のため設立された神学校であったが、ジョージア州のバプテスト連盟の援助を受けて規模を拡大し、神学とあわせて古典教養をも教えることになり、1837（天保8）年には総合大学としての認可を受け、次第に着実に発展し、多くの伝道者育成の役割を果たしてきた。

　将来伝道者として立とうという志を持つケルシィがこの大学に入学したのは、きわめて自然の成り行きであったと言うべきであろう。

▶マーサー大学時代のケルシィ（右から2番目）、大学内の寄宿舎にて（1903〔明治36〕年）

マーサー大学時代、友人とラ・グレインジュの生家
を訪ねる（右端がケルシィ。1903〔明治36〕年）

C.K.ドージャーの愛誦詩

> The Marshes of Glynn
> As the marsh-hen secretly builds on the watery sod,
> Behold I will build me a nest on the greatness of God :
> I will fly in the greatness of God as the marsh-hen flies
> In the freedom that fills all the space 'twixt the marsh and the skies.'
> By so many roots as the marsh-grass sends in the sod
> I will heartily lay me a-hold on the greatness of God.
>
> Sidney Lanier*
>
> グリンの沼地
> 鴫が沼地に　ひそかに　巣をつくるように
> 神の偉大さのなかに　私は巣をつくる。
> 鴫が"沼地と空のあいだの"自由なるひろがりを　飛びかけるように
> 神の偉大さのなかを　私は飛びかける。
> 葦が地に多くの根をおろすように
> 神の偉大さのなかに　私はしっかりと根をおろす。
>
> シドニー・レーニア

＊ Sidney Lanier（1842～81年）……ジョージア州中部の都市メーコン（Macon）
出身の著名な詩人。若き日のケルシィは、この郷土の詩人の詩を愛誦した。

3
南部バプテスト神学校時代、モード・バークとの出会い

　1903（明治36）年5月、マーサー大学を卒業後、秋にはルイヴィルにある南部バプテスト神学校に入学した。入学後数日してから、ケルシィは友人の家で、やがて彼の将来の伴侶となるモード・アデリア・バーク（Maude Adelia Burke）と出会うことになる。

　彼女は、1881（明治14）年9月18日、ノースカロライナ州ステーツヴィルの弁護士 H. バーク（Harry Burke）とその妻アデリア（Adelia）との間に生まれた一人娘であった。父は長老派教会に、母はバプテスト教会に属していた。母の深い伝道心は、娘の魂に大きな影響を与えることとなり、彼女は10歳の時、同市の第一バプテスト教会でバプテスマを受けた。

　モードは、ステーツヴィルの Female College に通学後、アシュヴィルの Normal and Collegiate Institute の partial course を取った。さらに同州のラレイにある女子バプテスト大学に学び、1903年、A. B. の学位を受けて卒業した。そして、その年、南部バプテスト神学校と相並んで設置されていた附設の training school

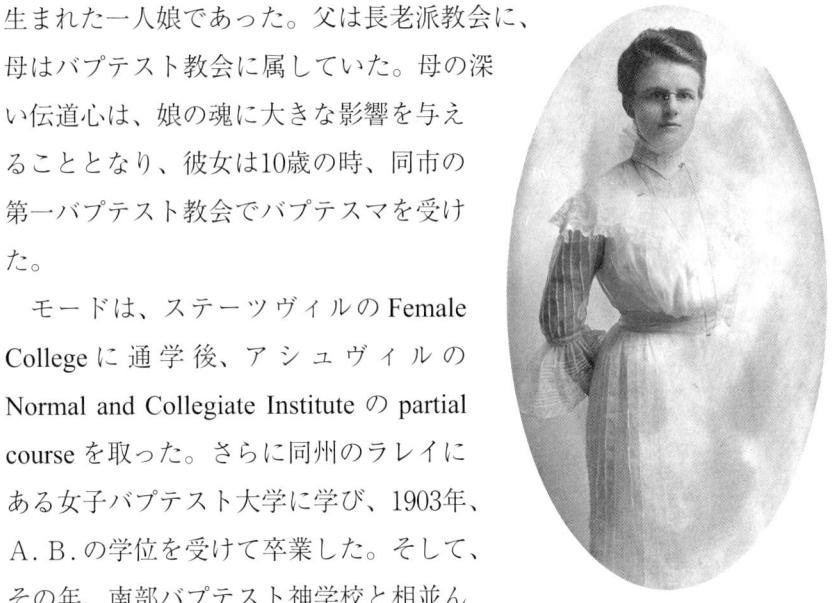

モード・バーク、22歳
（1903〔明治36〕年）

南部バプテスト神学校の卒業記念。2列目右から3番目がケルシィ。後列左から2番目がJ. H. ロウ、4番目がG. W. ボールデンと思われる（1906〔明治39〕年）

ケルシィがバプテスマと按手礼を受けたゲインズヴィルの当時の第一バプテスト教会

（女子部）に学ぶことになった。彼女はcollege時代から聖書研究会のリーダー・YWCAの会長として活躍しており、やがて外国伝道への献身に導かれることになったのである。

他方、ケルシィは、1904（明治37）年、伝道者としての按手礼を受け、その夏休みにはアラバマ州のクレイトンで、翌年の夏休みにはインディアナ州のカンペルズバーグの教会で、牧師としての実務につき、1906（明治39）年、いよいよ神学校卒業の時を迎えることになった。

4

日本への宣教の船出

　ケルシィは、南米伝道に召命を感じていた。その理由の一つに、言語習得の問題があった。神学校でヘブライ語やギリシア語を学ぶことはそれほど困難を感じなかったが、東洋への伝道を考える場合、日常生活で東洋語を用いなければならず、そのことは彼にとって不可能と思われるほどの障害に見えた。それよりも、スペイン語の習得の方がまだ見込みがあったからである。

　1905（明治38）年、ノースカロライナ州アシュヴィルで学生ボランティア大会が開かれた。そこに、当時日本から休暇で帰米していたJ.W.マッコーラム（John William McCollum, 1864～1910年）とC.T.ウィリングハム（Calder Truehart Willingham, 1879～1918年）が出席し、日本伝道への新しい参加者を求めた。C.T.ウィリングハムはケルシィをとらえて、朝の2時まで「日本伝道の宣教師になれ」とすすめてやまなかった。彼のあまりの真剣さに押されて、ケルシィは祈りつつ真面目に考えることを約束して別れた。

　1906（明治39）年、テネシー州ナッシュヴィルで開かれた学生国際宣教大会には、婚約者となっていたモード・バークも一緒に出席していた。彼女は、かねてから宣教師として中国に行くことを希望

C.T.ウィリングハム夫妻

1906（明治39）年6月6日、ステーツヴィルにてケルシィとモード・パークが結婚

していたが、C.T.ウィリングハムは、二人を前にして3度日本行きをすすめてやまなかったので、ついに日本行きを決意するに至った。

同年4月14日、ヴァージニア州リッチモンドにある南部バプテスト外国伝道局（ミッション・ボード）の試験に合格、日本伝道の宣教師に任命された。R.J.ウィリングハム（Robert Josiah Willingham, 1854～1914年, C.T.ウィリングハムの父）は、ケルシィの両手をとって"God bless you, God bless you, God bless you！"と祝福した。

5月に神学校を卒業したケルシィは、6月6日、モード・パークと結婚。日本伝道への最終的な準備は整った。

9月4日、日本に向けて出帆した朝鮮丸（S.S.Korea Maru）には、ドージャー夫妻のほかに、J.H.ロウ（John Hansford Rowe, 1876～1929年）夫妻、G.W.ボールデン（George Washington Bouldin, 1881～1967年）夫妻が乗船していた。9月27日、長崎着。先輩の宣教師たちに迎えられた3家族は、10月に福岡市大名町96番地（現在の中央区赤坂1丁目付近）の宣教師館にひとまず落ち着いた。

ドージャー、ボールデン、ロウの3家族が一緒に住んだ
宣教師館（福岡市大名町96番地、1906〔明治39〕年10月）

和服姿の宣教師たち。左から、ドージャー、ボー
ルデン、ロウの各夫妻（1906〔明治39〕年11月）

4 日本への宣教の船出——25

5

福岡バプテスト神学校・
福岡バプテスト夜学校時代

> 明治末期この市にはなき自動車(くるま)にて
> 宣教師ドージャー氏来り笑みにき
>   　　　　　　　　　　鹿児島寿蔵
>   　　　　　　　　　　（「故郷の灯」より）

　アメリカ南部バプテストの九州伝道は、1892（明治25）年、宣教師 J. W. マッコーラムによって始められたが、その後10年のうちに、熊本・長崎・鹿児島などの都市に教会を設立することができた。それとともに、日本人の伝道者を養成する必要が強く感じられるに至り、在日の宣教師たちからミッション・ボードにその要請がなされた。

　1907（明治40）年10月17日、福岡バプテスト神学校の開設を見るに至った。しかし、それはまだ小規模の塾のような組織で、正規の校舎もなかった。新任のC. K. ドージャーは、そこでギリシア語と新約聖書を担当することになったが、2カ月後には佐世保の伝道を応援することになり、その地に移った。

　翌1908（明治41）年4月16日には、長男エドウィンが生まれた。その出産は、当時外国人の専門医のいた長崎出島の聖公会の神学校でなされた。11月には佐世保から下関に移ったが、翌1909（明治42）年には、再び福岡市に帰った。

　一方、福岡バプテスト神学校は、その前年、大名町105番地に新しい校

福岡バプテスト神学校開校記念。西公園の石段にて（1907〔明治40〕年10月17日）

舎を建てた。在日の南部バプテスト宣教師社団は、このためそれまで居住していた大名町96番地の宣教師館と警固の土地・建物を売却して、その費用を補充した。

しかし残念ながら、この福岡バプテスト神学校は短命に終わった。それは当時東日本に伝道していたアメリカ北部バプテストの経営する横浜神学校と合併する計画が立ち上がり、ついに1910（明治43）年10月、東京に日本バプテスト神学校が設立され、これに吸収されるに至ったからである。この間、福岡バプテスト神学

長男エドウィンを背にしたドージャー。下関にて、1908（明治41）年頃

1908（明治41）年、福岡バプテスト神学校。福岡城の濠を前にして。後に西南学院創立時（1916〔大正5〕年）の校舎となる

◀福岡バプテスト夜学校の教師たち。元福岡バプテスト神学校玄関前にて（1911〔明治44〕年）

▶福岡バプテスト夜学校の教師と生徒（1911〔明治44〕年頃）

校は3人の第1回生を出しただけであった。

　このような動きのなかで、宣教師社団は今一度福岡に伝道者養成機関を持ちたいとの希望を持ち、1910（明治43）年1月1日に長崎で会議を開き、「福岡に男子の学校を設けること」をミッション・ボードに要請した。しかし、4月1日に、ミッション・ボードから不承認の返事とあわせて、総主事R．J．ウィリングハムから宣教師社団の書記であったドージャーに対して、将来の計画として可能性があることを示唆してきた。在九州の宣教師たちは、将来に希望をつないで活動を始めた。

　1911（明治44）年2月1日、福岡バプテスト神学校移転後の大名町の校舎を利用して、福岡バプテスト夜学校（Fukuoka Baptist Night School）が開設され、ドージャーが校長となった。これは英語を教えるとともにキリスト教伝道をめざすもので、在福の宣教師たちがこれに協力した。同月20日に、宣教師社団は、福岡市にキリスト教学校を設立することを改めてミッション・ボードに進言した。4月にはドージャーは宣教師社団の書記として、九州の諸教会の連合（西南部会）の支持のもとに、再び学校設立の承認と援助をミッション・ボードに訴えた。翌1912（明治45）年、休暇帰米することとなった。

6

福岡を中心とした九州の教育界

　九州におけるプロテスタントによるキリスト教学校の開設は、長崎が最も早く、米国メソジスト監督教会が、1879（明治12）年に活水学院（女子）を、1881（明治14）年に鎮西学院（男子）を設立していた。熊本では、北米ルーテル教会が、1910（明治43）年に九州学院（男子）を開設している。当時はまだ進学率もそれほど高くはなく、私立中学は一県に一校が限度であった。したがって、長崎と熊本には新たに開設する余地はなく、佐賀・大分・宮崎・鹿児島の各県は、まだ伝道の基盤すら確立していなかった。

　福岡では、活水学院創設の功労者ジーン・ギール（J. M. Gheer）が、1885（明治18）年、福岡女学校を開設したが、男子中学校としては県立の修猷館があるだけで、私立は何もなかった。だから、私立の男子中学校を設立する余地はあったし、地元の人々からは設立を望む強い声があった。

　また、高等教育の機関について一瞥して見ると、東京・京都に次いで九州に3番目の帝国大学を設立しようとの声が政府部内に起こったのは、1897（明治30）年頃のことであった。大学誘致をめぐって、熊本・長崎・福岡の3県が争奪戦を展開、福岡が勝ち名のりをあげ、1903（明治36）年3月24日、勅令第54号により、京都帝国大学福岡医科大学として発足。九州帝国大学となったのは1911（明治44）年のことで、大正初期においては、九州教育界における福岡の優位はほぼ決定的なものとなっていた。ドージャーはその期間を利用して、宣教師社団の要請により、将来に備

えて母校南部バプテスト神学校で学校経営について研究し、1年後帰福した。

妻モードによる女子教育。左：英語教室、下：料理教室（1913〔大正2〕年頃）

▶舞鶴幼稚園（福岡市荒戸西公園下）の第1回卒園式。写真左側は、初代園長G.H.ミルズ（宣教師E.O.ミルズの妻）。舞鶴幼稚園の設置にモードも協力、後に園長として経営指導にあたる（1914〔大正3〕年）

7

西南学院の創設

　1年の休暇の後、1914（大正3）年、C. K. ドージャーは「福岡市民が男子中学校の設立を熱望していること」、「徹底的にキリスト教学校とすること」をミッション・ボードに繰り返し訴えた。

　米国バプテスト外国伝道協会（北部バプテスト）では、1914年、同協会の100周年記念祭とジャドソン100年祭が行われた。南部バプテストでも1913（大正2）年からジャドソン宣教100年を記念して、3カ年計画で教会・病院・出版・学校建築を目的とした募金運動が展開されていた。

　日本における宣教師社団の強い要望に答えて、募金のうちの一部が日本の伝道・教育の2事業にも充当されることになった。こうして基金の裏付けができたことにより、1913年8月には、日本基督教興文協会から『ジャドソン伝』が発行され、1915（大正4）年1月6日には、ミッション・ボードから宣教師社団あてに、「1915年4月から男子中等学校開設を許可する」との、待ちに待った知らせが到着した。

　男子中等学校創立委員会の第1回会合が、1915年1月13日、福岡で開かれ、12月には、正式にJ. H. ロウ、W. H. クラーク、C. T. ウィリングハム、C. K. ドージャー、斉藤惣一、尾崎源六の創立委員が決まった。前年に第1次世界大戦が勃発し、募金が予定どおり集まらなかったため、学校の設立は、1916（大正5）年4月に延期されることになった。

　学校の名称は、仙台の東北学院、神戸の関西学院に対して、西南学院と名づけられた。既存の九州学院・鎮西学院にちなんだもので、"西南

地方にある学校"の意味である。

「院長は日本人たるべし」というのがドージャーの持論であり、最初、斉藤惣一が指名されたが、彼が辞退したので、その友人の條猪之彦(じょういのひこ)が1916年2月に初代院長となった。

ところが、條が病弱だったため、実務は主事のドージャーの双肩にかかってきた。異国人である彼にとって、それがいかに困難をともなうものであったかは想像するに難くない。それでもとにかく、「私立西南学院」は神学校跡に、この年の4月11日に開校した。

ドージャーの5月7日の日記に、「私の一身に集まる責任と負担との下に持ちこたえようとするならば、私にはもう少し休息が入用であると思う。(夜学校に2時間、西南学院に3時間——一年中を通じて1週間12時間を下る時がない——毎日チャペルの指導をしなくてはならず、しかもチャペルは2回あることがしばしばであった。その他、学院の行政の細部も見らねばならず、学院の会計の任もある。市内の伝道の方も相当に仕事がある)」と記されている。

敷地選定当時(1917〔大正6〕年頃)の西新校地。右下の人物はドージャー

7　西南学院の創設——33

1918（大正7）年、大名町から西新校地に移築
されたばかりの旧福岡バプテスト神学校校舎

　條は7月に辞任し、ドージャーは、1917（大正6）年2月に、第2代の院長となった。9月には、西新校地を購入、校舎の建築に着手した。第1校舎（東校舎）・雨天体操場が完成したのは、翌年1月のことであった。移転早々の2月に、生徒のクラブ活動としてゲッセマネ会が誕生した。もともとこの学校は、福岡バプテスト神学校が短命に終わり、日本バプテスト神学校が不調であることを反省して、神学校の予科ではないがその性格の強い学校として開設されたので、こうした会の誕生は、キリスト教教育についてかなりの成果を挙げ得たものと言えよう。

　1919（大正8）年4月には、第2校舎（西校舎）が完成。翌年3月には、文部省告示によって、西南学院卒業生に、専門学校入学資格が認められた。

◀雨天体操場完成
（1918〔大正7〕年）

▶中学校第2校舎（西校舎）
竣工（1919〔大正8〕年）

当時の教職員と生徒。中学校第1校舎（東校舎）前にて（1919〔大正8〕年）

8

高等学部開設時代

　学院の施設が整備されるのとともに、職員も増強された。主要な人としては、1917（大正6）年の水町義夫、1920（大正9）年の波多野培根の来任を挙げることができよう。学校設立4年目頃から、学院卒業生のために高等学部を開設してほしいとの声が学院内外から強くなり、1920年4月に、竹本仲蔵が中学部長として来任したことは、高等学部増設への布石であろう。

　また、西南人すべてに親しまれている校歌は、この年の10月頃、ドージャーの依頼によって、水町義夫が作詞した。作曲は島崎赤太郎で、彼は立教学院校歌も作曲した当時第一級の作曲家であった。

西南学院本館（現大学博物館）竣工（1921〔大正10〕年3月）

▶1921（大正10）年に最初の卒業式が行われた本館の講堂。またチャペルもここで行われ、ドージャーらが学生にキリストのメッセージを伝えた

　1921（大正10）年は、西南学院にとって、大飛躍の年となった。2月17日は、「私立西南学院財団」の設立が認可され、法人格が与えられるとともに、高等学部開設の認可がおりた日でもある。3月9日には、中学部および高等学部のチャペルに用いられるための本館の献堂式、ならびに、中学部の第1回卒業式が挙行され、校歌が正式に披露された。

　高等学部は、当時の専門学校令による4年制で、文科と商科とからなっており、4月1日開設。8月には、遠方から来る学生のために、寄宿舎「玄南寮」が竣工した。9月6日には、高等学部学生に対して、徴兵延期が認可された。また、学院の名称も「私立西南学院」から、「私立中学西南学院」（1916年）、「中学西南学院」（1920年）を経て、1921年10月

▶高等学部寄宿舎「玄南寮」竣工（1921〔大正10〕年8月）

8　高等学部開設時代——37

◀高等学部新校舎竣工（1922〔大正11〕年4月）

◀中学部寄宿舎「百道寮」竣工（1923〔大正12〕年）

には、「西南学院中学部」と改称された。

　1922（大正11）年4月、高等学部の新校舎が完成。翌年9月に、杉本勝次が中学部に就任。3月には、中学部寄宿舎「百道寮」が竣工した。高等学部では、4月から神学科が授業を開始。6月には、神学科の寄宿舎が竣工した。

　1925（大正14）年3月には、高等学部の第1回卒業式が挙行された。

　1926（大正15）年3月には、中学部長に佐々木賢治が着任。5月11日には、学院創立10周年記念式が盛大に行われた。

9
西南学院教会の設立とドージャー

　大名町にあった西南学院が、1918（大正7）年、西新の現位置に移った時、福岡にあるバプテスト派の教会は、簀子町（現在の中央区大手門付近）にある福岡浸礼教会（後の福岡バプテスト教会）だけであったため、学院関係者の中から、学院の近くに教会を設立しようとの声があがり、1922（大正11）年12月2日、29人の会員をもって西南学院バプテスト教会が組織

◀明治末期、福岡市簀子町の福岡浸礼教会

▶福岡浸礼教会でのクリスマス（明治末期）。写真左奥（ツリーの左）がドージャーではないかと思われる

◀西南学院バプテスト教会。1933（昭和8）年10月17日完成。この教会堂ができるまで、礼拝その他の集会は学院講堂などを使用していた

され、ドージャーがその牧師に就任した。

　最初の頃は教会堂もなく、教会の集会には、学校の講堂や会議室などが使用された。12月23日には、教会初めてのバプテスマ式が行われ、当時学生であった三串一士・藤崎九州男・溝口梅太郎・藤井泰一郎、そして、神学科の寮母であった有田秀代が教会に加わった。

　こうして、西南学院の院長の任務と併せて、学院教会の牧師を兼ねて指導に当たっていたドージャーも、学院創立10周年の1926（大正15）年8月には、牧師の任を完全に辞して専ら院長の任に当たることになった。

　この10年間の歩みは、種々の困難さはあったにしても、一応順調な発展を遂げていたと言うことができよう。その基本的な資料は、1921（大正10）年以来出版された『西南学院一覧』によって知られる。ドージャー院長の魅力ある人柄が、伝道と教育活動の上に遺憾なく現わされた時代であったと言えよう。

▶1920（大正9）年頃、ドージャー一家のピクニック

C.K.ドージャー一家。左から、ヘレン、C.ケルシィ、エドウィン、モード（1921〔大正10〕年）

ドージャー家の3人兄弟。左から、W.エドウィン、E.バルトン、C.ケルシィ（1922〔大正11〕年）

▶院長住宅の前でのドージャー一家。後列左端は夫人の母（1922〔大正11〕年）

9　西南学院教会の設立とドージャー——41

10
「日曜日問題」と
ドージャー院長の辞任

　祖父母以来の家庭の信仰と、当時の南部バプテスト教会の雰囲気のうちに育ったドージャーにとっては、聖書の示す信仰内容は、どのような社会においても固く守らねばならないという厳格さを持つものであった。この立場は、日曜日を「主の日」として守るその受けとめ方にも現われ、それが西南学院のキリスト教教育の方針として厳しく学生生徒に要求された。そうしてこれは、キリスト教の伝統と社会的慣習を持たない日本の社会において、種々の摩擦を引き起こしてゆくことになった。

　これがいわゆる「日曜日問題」といわれるもので、これと関連して、ついにドージャー院長は退任し、さらにその後を継ぎ、「日曜日問題」についても前院長ドージャーと異なった立場で受けとめ、学院の運営に当たった院長G.W.ボールデンも学院を去っていくという結果となった。

◀ドージャーと野球部員。「日曜日問題」が表面化してきた1927〔昭和2〕年頃

まず、高等学部が開設されて数年後、昭和初期の頃、野球部をはじめとしてスポーツ各クラブの勃興期でもあり、日曜日に対校試合が行われることが多く、それを禁止されることに対して学生間に不満が高まってきた。

　ドージャー院長に対して学生は充分に敬愛の情をいだいていたとはいえ、この方針に対する不満に火がつき、院長排斥辞職要求のストライキとなった。1928（昭和3）年2月のことである。

　やがてこの事件が、一人の犠牲者もなく収拾された後、ドージャー院長はその責任を痛感し、4月に辞意を表明した。しかし、その辞意が理事会によって受け入れられたのは、その翌年、1929（昭和4）年の6月であった。ドージャー院長は、その時の心境を次のように日記に記している。

ドージャー自筆の日記
（1928〔昭和3〕年2月11日付）

　　　私は常に忠実であろうとしてきたが、この責任から解放されほっとしている。私は長く院長を務めてきたので多くの間違いをしてきたと思うが、誰も仕事に忠実ではないと指摘する人はいなかった。
　　　　　　　　　　　　　　　（1929〔昭和4〕年6月20日付の日記）

10 「日曜日問題」とドージャー院長の辞任——43

「日曜日問題」の渦中にあって完成した武道場（1930〔昭和5〕年）

◀娘ヘレンとともに（1929〔昭和4〕年）

　後任の院長となったボールデンは、二十余年前、ドージャーとともに来日し、日本伝道に協力してきた親友の一人であった。しかし、同じく聖書に立つ信仰ではあったが、ドージャーとは異なって社会の現実に適応しようとする姿勢を持っていた。教会内の問題（たとえば、「アサ会問題」）についても、リベラルな態度を示したボールデンは、当時の南部バプテスト教会関係者たちに受け入れられず、ついに院長を辞任、1932（昭和7）年、学生たちの留任運動ストライキにまで発展したが、その年、学院を去った。その後、高等学部長であった水町義夫が院長を継いで問題の解決に当たった。公式試合に限るという条件で、日曜日の試合が公認されるようになったのは、1940（昭和15）年のことであった。

11
北九州における伝道と
西南に対する遺言

　1929（昭和4）年7月、西南学院院長を辞任したC. K. ドージャーは、休暇のため一時帰国したが、1930（昭和5）年9月、福岡に戻ると、間もなく下関市に移転した。翌年10月、住居を小倉市の西南女学院構内に移し、北九州の伝道に従事することになった。それとともに、西南学院や西南女学院の理事を務め、宣教師社団の会計を担当するという、多忙な毎日であった。

◀小倉の西南女学院におけるC. K. ドージャー宅

▶戸畑での集会の後、戸外で（1930〔昭和5〕年11月）

5人がバプテスマを受けた後で。八幡教会にて（1931〔昭和6〕年3月1日）

北九州での伝道活動を行っていた頃のドージャー（1932〔昭和7〕年頃）

　彼が胸部に深刻な痛みを感じはじめたのは、西南女学院への坂道を上り下りする時であった。1933（昭和8）年3月下旬、九州大学病院武谷内科に入院し、精密検査を受けた結果、狭心症であることがわかった。その後は、とくに健康に留意することにしたが、彼の心に去来するのは、「今は非常の時なり」、「自分は働きながら死にたし」との固い決意であり、講壇に立ち、種々の司会をし、各種の集会に出席するなど、健康時と少しも異なるところがなかった。

しかしそうした小康状態も長くは続かず、5月21日の朝夕2回の教会出席の帰途は、苦痛のため自動車を使用するほどであった。翌22日、気分がよいとのことで散髪に行ったが、そこでまた発作が起こった。悪いことには、24日に長崎教会が火災を起こした。彼はその善後策を講ずることを自分の責任と感じ、長崎行きの準備をしている時に3度目の発作が起こり、医者から数カ月間の絶対安静を命じられた。25日夜8時過ぎ、大発作を起こし、31日午後3時12分、その信仰の生涯を閉じた。54年5カ月の生涯であった。

　最期が近づいたことを知った彼は、夫人を呼んで遺言を残した。その一節を紹介すると、「余は牧師諸君と重荷を分かちつつ、今日に至れり。我死なば、牧師諸君に運ばれて、永遠の憩いの場に往かしめよ」、「余はキリストに遣わされて日本に来れり、而してキリストのために働きつつ斃るるは衷心の願望なり」、「なお、余が無寐の間も忘れ能わざる西南学院に、くれぐれもキリストに忠実なれと告げよ（Tell Seinan to be true to Christ.）」（『聖戦』1933〔昭和8〕年6月10日発行より）ということであった。

　彼は、自分の二人の子、エドウィンとヘレンが、ともに両親の志を継いで日本宣教のために献身したことを限りない喜びとし、「これ我が生涯に於ける最大の恩恵なり」と言っている。ことに、エドウィンは、第9代の院長となり、「西南よ、キリストに忠実なれ」という父の遺言をさらに敷衍して、「神と人とに誠と愛を」の言葉を残すこととなった。

12

葬儀と記念事業

　C.K.ドージャーの葬儀は、1933（昭和8）年6月2日午後10時から、片谷武雄牧師司式のもとに、西南女学院講堂で行われた。各代表の弔辞もさることながら、とくに満場の人々の心を強く打ったのは、彼と最も深い関わりを持ち、信仰の友として宣教の戦いをともにしてきたE. N. ウォーン（Ernest N.Walne, 1867～1936年）の告別の辞であった。

◀小倉の西南女学院における葬儀（1933〔昭和8〕年6月2日）

▶棺をになう教え子たち

西南女学院構内に埋葬されたC. K. ドー
ジャーの墓碑（1933〔昭和8〕年6月）

「親を失いし子は、孤児という。夫を失いし女は、寡婦(かふ)と言う。だが、友を失いし者は、何と呼ぶか。僕こそ、君の手によって葬られんと希(ねが)いしに！」と、声涙共に下るものであったと言う。

　式後、西南女学院生徒の捧げる「神ともにいまして、ゆく道を守り」の讃美歌に送られて、松の緑こまやかな構内の一隅に葬られた（ここは、現在「西南の森」と呼ばれ、C. K. ドージャー夫妻、E. B. ドージャー夫妻、初代学長のW. M. ギャロット夫妻らの墓碑がある）。

　彼の死後、1周年にあたる1934（昭和9）年5月31日、ドージャー先生追憶記念事業委員会（代表は水町義夫・佐々木賢治）は、記念事業に関する檄文(げきぶん)を配付、①追憶録の出版、②胸像もしくは肖像の作成、③ドージャー奨学金制度の制定を呼びかけた。

　そのうち、追憶録は、その年6月20日に『ドージャー院長の面影』として出版された。これは、C. K. ドージャーの在りし日の姿をしのぶ最も貴重な資料となっている。

　また、奨学金制度は、日本における卒

ドージャー先生追憶記念事業出版部による『ドージャー院長の面影』（1934〔昭和9〕年6月20日刊）

12 葬儀と記念事業――49

◀C.K.ドージャー先生5周年墓前祭（1938〔昭和13〕年5月31日）

業生その他の賛同者・ダッド博士・遺族および在米賛同者よりの寄付金、合計2,219円87銭が、記念事業委員会からE.B.ドージャーに手渡された。1935（昭和10）年10月22日のことである。最初は私的なものであったが、1972（昭和47）年からは大学の公的な奨学金制度となり（C.K.ドージャー記念奨学金）、1976（昭和51）年のメアリー・エレン・ドージャー奨学金、1977（昭和52）年のW・マックスフィールド・ギャロット記念基金設定のさきがけとなった。

父を語る

第9代西南学院院長　E. B. ドージャー

　父は自分としては伝道に専心するつもりであった。しかし、やがてバプテストの伝道に教育が伴わなければならないことを知ったのです。また、宣教団がむりやりに院長に選んだ時、父は自分は適任であると思わなかったのだ。しかし、選ばれた上はベストを忠実につくすのが任務と思った。父にとって、"BEING FAITHFUL"「忠実である事」は、一生の中心的思想であった。小さい事にも、大きい事にも、忠実であればよいと思った。平凡なものも、忠実であれば、世にこうけんすることができると信じた。〔中略〕

　西南学院に色々な問題もあった。父はいずれの場合にも、自分で聖書に教えてある真理を見出そうとした。自分の理解が絶対と申しませんでしたが、他の人が聖書に立脚した証拠を出さなければ、父はあくまでも戦った。自分のためとか、人のためとかは、神の義にまたなければならなかった。しかし、戦っていた時でも、僕はよく覚えているが、父は反対する者のために泣いて祈った。父は、友にむかって戦うのが、実につらかったのだ。しかし、主に忠実でありたいため、涙を流して戦った。〔中略〕

　こういう気持から、父は「西南よ、キリストに忠実なれ」と言ったにちがいないと思う。

（『西南学院創立35周年記念誌』〔1951［昭和26］年刊〕日本語で書かれた手記より抜粋）

13

モード・バーク・ドージャーと西南保姆学院

　C.K.ドージャー夫人のモード・バーク・ドージャー（Maude Burke Dozier）は、夫の死後も日本にとどまって、教会婦人会の指導と婦人伝道者育成の働きに力を尽くした。

　1934（昭和9）年、日本バプテスト西部組合婦人部が、当時地行東町にあった西南学院高等学部神学科に女子部を開くことを決議、翌年4月に開校された時、モードは中心となった女子神学生の指導に当たった。

　しかし、その後、日本の社会が軍部の指導下の戦時体制に移るとともに、東西バプテストの両派はついに合同し、その結果、1940（昭和15）年に日本バプテスト神学校を東京に開設することとなり、福岡の神学科も

ヘレン・ケラー女史（右から2番目）が、来福の際に宿泊した
モード（左端）の宣教師住宅の前で（1937〔昭和12〕年5月）

◀西南保姆学院が開設された旧西南神学院校舎（1940〔昭和15〕年）

▼鳥飼校舎（1941〔昭和16〕年6月）

これに統合、女子部はその母体を失うこととなった。モードは、福岡バプテスト教会の牧師・下瀬加守と協力して、これに代わる女子教育の機関として、地行の神学科校舎跡に「西南保姆学院」を開設した。舞鶴幼稚園がその実習園となった。1941（昭和16）年、鳥飼にその新校舎を建設したが、日米間の風雲急を告げる時期となったため、モードはついにその校舎の完成を見ずしてアメリカへ引き揚げ帰国するに至った。その頃のモードについて、彼女の協力者、福永津義の娘・高橋さやかは次のように記している。

　C.K.ドージャー夫人は、そのころすでに亜麻色というより銀髪

に近い髪でいられた。やせ形のそれほど大柄とはいわれないおからだを黒い服で包んでいられる、その姿からは、おだやかな、やさしさの中に何かしら強さをたゝえた印象を、見る者に与えられた。その強さの印象は、あるいは、苦しさを堪えておられる、その印象であったかも知れない。いつも微笑をたゝえておられたが、声をたてて笑われるのをうかがった覚えはないように思う。

(『西南学院55年のあゆみ』〔1972年刊〕より)

　戦争の間、モードはハワイに在住して、主として在留日本人の伝道に当たった。戦後、エドウィンのあとに続いて、1951 (昭和26) 年、再度来日した。彼女が戦前日本に残した西南保姆学院（福岡保育専攻学校と改称）は、福永津義の努力によって維持され、戦後、短期大学部児童教育科として西南学院の組織内に入り、1974 (昭和49) 年、短期大学部から大学文学部児童教育学科へと発展していった。

　福岡保育専攻学校の校長、あるいはその後の学科長として努力された福永津義と、その創立者であるモードが、ともに西日本文化賞を受賞したこと（福永は1952〔昭和27〕年に、モードは1961〔昭和36〕年に受賞）は、この

福永津義（1890〜1968年）。モードのあとを受け継ぎ、福岡保育専攻学校校長に就任

モードを迎えて。児童教育科での語らいのひと時（1951〔昭和26〕年5月）

妻モードによるC. K.
ドージャー小伝（1953
〔昭和28〕年刊）

読書をするモード
（1965〔昭和40〕年頃）

学校の社会への貢献がいかに大きいかを物語るものであろう。

　また、モードが書き残したものとして、1953（昭和28）年発行の"Charles Kelsey Dozier of Japan. A Builder of School"（Broadman Press）と、西南学院創立当時のことを記した英文原稿（未完）とがある。初期の頃の事情を知るための、数少ない貴重な資料となっている。

　モードは、1972（昭和47）年1月13日、テキサス州バプテスト・メモリアル・センターにて逝去、90年の生涯であった。同年3月、西南女学院構内にある夫C. K. ドージャーの墓の傍らに葬られ、静かな永遠の安らぎについたのである。

C.K.ドージャー関係略年表

(＊ゴシック体は関連事項)

年	月日	事　項	年齢
1879 (明治12) 年	1月1日	米国ジョージア州ラ・グレインジュ町に生まれる (J.H.ドージャーとエラ・ノラの三男)。	0
1881 (明治14) 年	9月18日	モード・アデリア・バーク、ノースカロライナ州ステーツヴィルに生まれる (H.バークとアデリアの一人娘)。	2
1892 (明治25) 年	4月	13歳の時、イエス・キリストを信じ、全霊をキリストに捧げんと決心し、ゲインズビルの第一バプテスト教会会員となる。	
1894 (明治27) 年		J.W.マッコーラムが門司に清滝学園開設。	
1898 (明治31) 年		J.W.マッコーラムが神学を自宅で教授。	
1899 (明治32) 年	8月20日	説教師の資格を与えられる。	20
	秋	マーサー大学に入学。	
1902 (明治35) 年		C.T.ウィリングハムから日本伝道をすすめられる。	23
1903 (明治36) 年	5月	マーサー大学を卒業。マスター・オブ・アーツの称号を受ける。	24
	秋	南部バプテスト神学校に入学。モード・バークと出会う。	
	10月	J.W.マッコーラムが神学を自宅で教授。	
1904 (明治37) 年	6月5日	按手礼を受ける。	25
1905 (明治38) 年		学生ボランティア大会で、J.W.マッコーラムとC.T.ウィリングハムから、日本伝道への参加を強く要請される。	26
1906 (明治39) 年		学生国際宣教大会の席上、C.T.ウィリングハムから3度日本行きをすすめられる。C.K.ドージャーとモード・バークは、ついに日本行きを決意する。	27

	4月14日	日本宣教師に任命される。	
1906 (明治39) 年	5月	南部バプテスト神学校を卒業。Th. M. の称号を受ける。	
	6月6日	モード・バークと結婚。	
	9月4日	C. K. ドージャー、J. H. ロウ、G. W. ボールデン3家族、S. S. Korea Maru で日本に向け出帆。	
	9月27日	長崎着。	
	10月	ドージャー、ロウ、ボールデン3家族、福岡市大名町96番地に居住。	
	12月11日	3家族「在日本サヲゾルン・バプチスト宣教師社団」に入社。	
1907 (明治40) 年	1月	日本人説教者養成の必要をミッション・ボードに要請。	28
	10月9日	福岡バプテスト神学校教師となる（ギリシア語および新約聖書担当）。	
	10月17日	福岡バプテスト神学校の開校式が行われる。	
	12月	佐世保市清水町9番地に居住、佐世保伝道。	
1908 (明治41) 年	4月16日	エドウィン・バーク・ドージャー、出島にて誕生。	29
	11月	下関市関後地村字中島1334番の2に居住。	
1909 (明治42) 年	末現在	福岡市東職人町7番地に居住。	30
1910 (明治43) 年	1月1日	長崎のミッション会議にて、「福岡に男子の学校を設けること」をミッション・ボードに要請決議。開設をめぐる日米書簡の往復が始まる。	31
	末現在	福岡市西職人町68番地に居住。	
1911 (明治44) 年	2月	福岡バプテスト夜学校の校長となる。	32
	末現在	福岡市養巴町47番地に居住。	
1912 (明治45) 年		ジャドソン宣教100年記念募金運動が始まる。	33
	7月	休暇帰国。	

1913（大正2）年	8月7日	『ジャドソン伝』が出版される。	34
	10月9日	休暇が終わり、日本に帰る。	
1914（大正3）年	6月24〜25日	米国バプテスト外国伝道協会100年祭。	35
	12月19日	1915年からの学校開設許可が下りる。	
1915（大正4）年	末現在	福岡市大名町105番地に居住。	36
1916（大正5）年	4月	西南学院を創立、主事となる。初代院長は條猪之彦。	37
1917（大正6）年	2月	西南学院第2代院長となる。	38
	11月	福岡バプテスト夜学校廃止、校長辞任。	
	末現在	福岡市荒戸257番地に居住。	
1918（大正7）年	1月	西南学院、西新町に移転。東校舎・雨天体操場完成。	39
1919（大正8）年	4月14日	西校舎完成。	40
1921（大正10）年	2月17日	私立西南学院財団設立が認可される。	42
	〃	高等学部（4年制）開設が認可される。	
	3月	大講堂完成。	
	8月	休暇帰国。	
1922（大正11）年	4月10日	高等学部新校舎完成。	43
	8月	院長住宅、西新構内に完成。	
	9月4日	休暇が終わり、日本に帰る。	
	12月2日	西南学院バプテスト教会牧師を兼任。	
1923（大正12）年	2月25日	『西南』第4号に「自由の精神を知れ」を発表。	44
	11月11日	西南学院バプテスト教会牧師を辞任。	
1925（大正14）年	1月1日	西南学院バプテスト教会牧師を再任。	46
1926（大正15）年	8月15日	〃 を辞任。	47
1927（昭和2）年	2月	高等学部内に、「日曜日問題」が次第に表面化してくる。	48
	2月13日	日記に「これが現在の状勢であります」を書く。	
1928（昭和3）年	2月10日	高等学部内にストライキおこる。	49
1929（昭和4）年	7月10日	西南学院長を辞任。休暇帰国。	50
	8月24日	G.W.ボールデン、院長事務取扱となる。	

1930（昭和5）年	4月1日	武道場竣工。	
	9月	休暇が終わり、日本に帰る。	51
	〃	下関市に移る。	
	12月18日	運動場拡張。	
	12月20日	G.W.ボールデン、西南学院第3代院長となる。	
1931（昭和6）年	10月	小倉市西南女学院内に居住。西南女学院理事となる。北九州地方の伝道に従事。	52
1932（昭和7）年	3月3日	G.W.ボールデン、院長の辞表提出。	53
	6月	院長留任運動のためストライキがおこる。	
	7月10日	G.W.ボールデン、院長辞任。	
1933（昭和8）年	5月31日	小倉市西南女学院の自宅において永眠。	54
	6月2日	同学院講堂にて告別式を挙げ、同構内に墓地を設置して埋葬。	
1934（昭和9）年	6月20日	『ドージャー院長の面影』発行される。	

（以下は、M.B.ドージャーとその後の西南学院について）

1939（昭和14）年	9月9日	「基督教教育指導者に参考となる思想」を発表。	
1940（昭和15）年	4月1日	地行東町、西南神学院あとに、西南保姆学院を開設。	
	4月	公認試合のみ、日曜日に試合可能となる（文部省通達）。	
1941（昭和16）年	4月7日	日本を引き揚げる。	
	6月28日	西南保姆学院、鳥飼校舎献堂式。	
1944（昭和19）年	4月1日	同校、福岡保育専攻学校と改称。	
1950（昭和25）年	4月1日	同校、西南学院大学短期大学部児童教育科となる。	
1951（昭和26）年	4月	宣教師引退後に再来日。	
1953（昭和28）年		"Charles Kelsey Dozier of Japan. A Builder of School" をBroadman Pressから出版。	
1961（昭和36）年	11月3日	西日本文化賞を受賞する。	
1964（昭和39）年	12月	病気療養のため帰米。	

1972（昭和47）年	1月13日	テキサス州バプテスト・メモリアル・センターにて逝去。
1973（昭和48）年	3月	西南女学院構内に埋葬される。
1974（昭和49）年	4月1日	短期大学部児童教育科が大学文学部児童教育学科に発展的に解消。
1979（昭和54）年	5月11日	C.K.ドージャー生誕100年を記念して、『西南学院の創立者　C.K.ドージャーの生涯』を発行。
1986（昭和61）年	10月7日	西南学院創立70周年を記念してテレビ番組『愛と剣と──C.K.ドージャーの生涯』をＲＫＢ毎日放送と共同で製作し、テレビで放映。
	12月24日	同テレビ番組『愛と剣と』をリメイクし、『荒野に呼ばわる者』として再放送。
1996（平成8）年	5月1日	西南学院創立80周年を記念し、『SEINAN SPIRIT──C.K.ドージャー夫妻の生涯』を発行。
2008（平成20）年	5月15日	C.K.ドージャーら、南部バプテストの宣教師の功績を顕彰して「宣教師記念碑」を建立。
2014（平成26）年	3月	改訂版『西南学院の創立者　C.K.ドージャーの生涯』を発行。
2016（平成28）年	5月	西南学院創立100周年を迎える。

『西南学院の創立者　C.K.ドージャーの生涯』（初版、1979年発行）

『SEINAN SPIRIT──C.K.ドージャー夫妻の生涯』（1996年発行）

＊初版（1979年刊）の「発刊にあたって」と編集後記を資料として再掲します。

発刊にあたって　　　　　　第12代院長　　E. L. コープランド

　1979（昭和54）年は、西南学院創立者、チャールズ・ケルシィ・ドージャー先生の生誕100周年に当たりますが、学院の60有余年にわたる歴史を思います時、その意義は、誠に大きいと思うのであります。この生誕100周年記念に際し、学院では、これを祝うとともに、先生の栄誉を称えるため、記念誌を発行することになった次第です。
　今日、西南学院にある私たちは、学院の目的と使命とを十分に理解し認識するとともに、その理解と認識の上に立って、学院の建学の精神と伝統の重みというものを再考しなければならないでありましょう。
　目まぐるしく移り変わる内外の情勢の中で、学院も何らかの影響を受けざるを得ない面があるいは起こってくるかも知れませんが、いつの世にあっても、学院の建学の精神と良き伝統は、遵守され、受け継がれていかなければならないと、私は思うのであります。
　西南学院の基礎を築き、その発展に大きく寄与されたのは、申すまでもなく、C. K. ドージャー先生でありますが、キリスト教教育に対する先生の熱き祈りと堅い信念があったればこそ、よくそれを成し遂げられたもので、先生のクリスチャン・スクール設立へのヴィジョンと寸暇を惜しんでのひたむきな努力が実を結び、西南学院の実現をみることができたのであります。イエス・キリストに忠実に従い、世の人々を限りなく愛された先生の信仰は、今日もなお、学院の命として生きているのであります。
　全身全霊を神に捧げ、学院の礎となられた先生の心底は、とうていはかり知ることはできず、また、筆舌に尽くすことはできませんが、せめて、この記念誌が、先生の遺徳を偲び、先生を知るためのよすがにでもなればと思うのであります。そして、私たちは、先生の遺言「西南よ、キリストに忠実なれ！」を一人一人の胸に受け止め、心を新にし、学院の使命達成のため、互いに努力を重ねていきたいと願ってやみません。

初版・編集後記　C.K.ドージャー生誕100周年を記念する今年、本誌が出版されたことは、ほんとうに幸いだと思う。生誕は、人生にとっての出発点である。本誌もまた、将来の本格的なC.K.ドージャーの伝記編集の出発点となることを期待したい。生まれたばかりの赤ん坊が完全な人間でないと同様に、本誌もまた完全ではない。しかし、より向上しようとする未来がある。それが健やかに育って行くように、見守っていただきたい。

　本誌を通して、西南学院に勤務する教職員・学生生徒の中に、創立者とその人となりについて、また、西南学院の歴史について、より詳しく知ろうという熱意が出てくるならば、本誌出版の意義は十分に達せられたことになろう。

　最後に、本誌の刊行のために深い理解と協力とを示して下さった方々に、心から感謝する。そして、今後においても、学院史編集に対する、より一層の理解と協力とをお願いしたい。

学院史編集室長　田口欽二

2008（平成20）年4月、リニューアルした大学チャペル

編 集 後 記

　このたび出版の運びとなった『C.K.ドージャーの生涯』は、今から1年ほど前、すでに退職した複数の学院関係者の熱い要望がことの発端である。当時、百年史出版に関連するあれこれで、それ以外の新しい出版物の企画を考える余裕がなかったのはこの筆者一人で、それ以外の編纂委員たちには、あたかも「この委員会がしないでどこがやるのですか」と言わんばかりの言外の勢いがあったように記憶する。つまり、本書には西南を愛する関係者の思いが一杯つまっているのである。内容は、1979年にドージャーの生誕100年を記念して出版された『C.K.ドージャーの生涯』を復刻したもので、内容には手を加えず、若干の表記の変更や修正を加えたため改訂版とした。

　ここで心したいのは、本書は創立者ドージャー個人の顕彰や礼賛を目的としたものではないということである。筆者はドージャーの日記、書簡、並びに説教原稿に直接触れる機会を得たが、そこから推測できるのは、おそらくドージャー自身は、自分に向けられるそのような個人讃美を最も嫌うであろうということである。ドージャーを開学へと促したものがあり、それが創立前後の西南学院の歩みを導いたに違いない。西南学院はどのような祈りによって生み出され、それを礎にこの100年間、いかに育まれてここまで来たのか。その目には見えない「学院の心」のようなものをドージャーの生涯から知ることができればと願うものである。その精神が西南学院の次の100年の旅路においても、消えることなく引き継がれてほしいと願うのは筆者一人ではないであろう。

　本書がこのように陽の目を見るに至るまでには、百年史編纂委員会各委員の協力はもとより、創立100周年事業に関わる様々な業務の間を縫って、その実務のほとんどを誠実に担った事務局の労があったことは言うまでもないことである。この場を借りて、関係者一同に謝意を表したい。

2014（平成26）年2月

　　　　　　　　　　　西南学院百年史編纂委員会委員長　　金丸英子

装丁：design POOL

西南学院の創立者 C.K.ドージャーの生涯 ［改訂版］

❖

2014 年 3 月 1 日　第 1 刷発行
（1979 年 5 月 11 日 初版発行）

企画・編集　西南学院百年史編纂委員会

発　　　行　学校法人 西南学院
　　　　　　〒814-8511　福岡市早良区西新 6-2-92
　　　　　　電話 092（823）3920　FAX 092（823）3189

制作・発売　合同会社 花乱社
　　　　　　〒810-0073　福岡市中央区舞鶴 1-6-13-405
　　　　　　電話 092（781）7550　FAX 092（781）7555

印刷・製本　大村印刷株式会社
ISBN978-4-905327-32-5